Alexas Abenteuer auf dem Bauernhof

Micki wohnt auf
einem Bauernhof
auf dem Land. Eines Tages
fährt ein großes Auto vor.
Drinnen sitzt die Familie
Hieberle.
Vater und Mutter Hieberle,
Jessica und Kevin Hieberle
und die Katze Alexa.
Sie wollen auf dem
Bauernhof Urlaub machen.
Deshalb haben sie auch so
viele Koffer dabei.
Alle steigen aus und laufen
ins Haus.

Sie tragen die Koffer und Taschen hinein. Sogar Alexa wird in einem Koffer ins Haus getragen.
Micki wundert sich.
Ob die Katze wohl nicht laufen kann?
Neugierig kommt sie ein wenig näher.
Schnell schlüpft sie ins Haus, bevor die große Tür zufällt.
Dann springt sie auf den Schrank und beobachtet Alexa.

Am nächsten Morgen bekommen beide Katzen ihr Frühstück. Jetzt ist auch Alexa neugierig geworden. Vorsichtig schnuppert sie an Micki, die einen Buckel macht. Alexa hüpft auf die Fensterbank. Micki springt hinterher. Beide gucken nach draußen. „Kommst du mit, Mäuse jagen?", fragt Micki. „Mäuse jagen?", fragt Alexa. „Was ist das denn?"

Micki lacht.
„Na komm, ich zeig' es dir!"
Schon springt sie hinunter und läuft aus der offenen Tür hinaus.
Alexa folgt ihr.
Gespannt guckt sie Micki zu, die bald eine Maus gefangen hat.
Dann versucht es auch Alexa, aber die Mäuse sind immer schneller.

Da geht Alexa lieber ein bisschen spazieren. Überall gibt es grüne Wiesen, der Boden ist ganz weich und es fahren keine Autos.
Und überall stehen bunte Blumen im Gras. Manche riechen besonders gut.
Das findet Alexa schön.
Da springt ein Grashüpfer vor ihr hoch und Alexa erschrickt.
Und wo ist Micki?
Da, hinter dem hohen Gras hat sie sich versteckt!

Erst als sie durch das Gras hüpft, kann Alexa sie sehen.
„Komm, wir spielen Verstecken", schlägt Alexa vor.
Schnell springt sie auf einen Baum.
Aber Micki hat sie natürlich längst entdeckt.
Jetzt ist Micki dran, und Alexa muss suchen.

"Wie wäre es mit ein bisschen Milch?", fragt Micki.
"Gern", sagt Alexa und beginnt vor Freude zu schnurren.
Sie liebt Milch.
Manchmal bekommt sie von Jessica ein Schälchen voll.
Micki führt Alexa zu einem Haus neben dem Bauernhof.
Durch ein Fenster schlüpfen sie hinein.
Drinnen ist es warm und es riecht seltsam.

„Muuuuh", macht eine Kuh und Alexa springt entsetzt zur Seite. Erschrocken guckt sie sich um.

„Was sollen wir denn hier?", fragt sie zitternd, als sie die vielen Kühe sieht. „Ich will doch nur ein bisschen Milch."

„Deshalb sind wir ja hier", erklärt Micki. „Das sind Kühe und die geben die Milch." „Ach ja?", fragt Alexa ganz erstaunt. Dann trinken sie zusammen etwas frische Milch.

Alexa ist als Erste wieder draußen. Fröhlich klettert sie über den Zaun in den Garten.
„Die ist ja mutig", denkt sich Micki.
Da kommt auch schon Marco, der Hofhund, um die Ecke und bellt.
Alexa guckt erstaunt. Dann rennt Marco hinter ihr her.
„Hilfe!", schreit Alexa verzweifelt.

„Komm hier rauf!", ruft Micki.
Sie sitzt schon oben auf dem Baum.
Mit letzter Kraft schafft es Alexa auch hinauf.
Unten steht Marco und bellt.
„Tsss, tsss", wundert sich Alexa. „Der ist ja richtig gefährlich!
Bei uns in der Stadt sind die Hunde immer an der Leine, da passiert so etwas nicht."

Als Marco sich endlich beruhigt hat, schleichen sich die beiden Katzen wieder aus dem Garten.
In der Nähe gibt es einen kleinen Teich.
Dort schwimmen friedlich ein paar Enten.
„Na, die werden mir schon nichts tun", denkt Alexa.
Sie möchte sich ein wenig ausruhen und in der warmen Sonne schlafen.

Neben den Enten gibt es auch noch ein paar weiße Vögel am Teich. Das sind die Gänse, eine ganze Familie mit Gänseeltern und Gänsekindern. Als der Gänsevater sieht, wie Alexa immer näher kommt, beginnt er laut zu schnattern und mit den Flügeln zu schlagen. „Verschwinde, du Räuber!", schimpft er. Alexa wundert sich. Außer ihr ist niemand da. Aber der Gänsevater sieht so aufgeregt aus, dass sie lieber ins Haus zurückgeht.

Am nächsten Morgen springt Alexa nach dem Frühstück wieder auf die Fensterbank.
Dort putzt sie sich immer noch, als Micki vorbeikommt.
„Na, kommst du wieder mit?", fragt sie.
Alexa schüttelt müde den Kopf.
„Heute mache ich Urlaub", gähnt sie und rollt sich schläfrig zusammen.

Dann schnurrt sie ein bisschen und ist auch schon eingeschlafen. Und Micki? Die guckt noch ein wenig hinaus, dann macht sie es wie Alexa. Sie legt ihren Kopf auf ihren Schwanz, schließt langsam die Augen und beginnt zu träumen.
Was für ein herrlicher Tag. Beide Katzen dösen friedlich. Manchmal, wenn man genau hinsieht, zucken die Barthaare und der Schwanz wackelt ein bisschen.
Ob sie dann wohl von Mäusen träumen?

Trolli, der kleine Hund, sitzt im Garten.

In dem Garten gibt es Blumen und Bäume und weiches Gras.

Es ist Sommer, und überall summen die Bienen, und Schmetterlinge tanzen herum.

Trolli mag den kleinen Garten, aber heute ist ihm langweilig.

Er hat niemanden zum Spielen.

Da gaukelt auf einmal ein Schmetterling vorbei.

Trolli rennt hinter ihm her. Aufgeregt flattert der Schmetterling von Blüte zu Blüte, aber Trolli lässt ihm keine Ruhe.
Da fliegt der Schmetterling über den Zaun und landet auf der anderen Seite.
Als Trolli das sieht, hat er eine Idee. Er drückt ein bisschen gegen den Zaun, gräbt ein bisschen die Erde weg, drückt wieder ein bisschen. Dann macht er sich ganz dünn und schlüpft unter dem Zaun hindurch.

Er schüttelt sich ein bisschen, dann macht er einen Spaziergang. Immer hinter dem Schmetterling her. Aufgeregt schnuppert er links und rechts an den Blumen und Sträuchern.
Manchmal muss er niesen, wenn er zu viel Blütenstaub in die Nase bekommt. Plötzlich steht ein großer Hund vor ihm. Trolli weiß nicht, ob er Angst haben soll.
Er wedelt leise mit dem Schwanz.

Bruno nimmt Trolli mit. „Komm", sagt er, „ich zeig' dir die Welt!"
Das findet Trolli toll. Begeistert sieht er zu, wie Bruno seine täglichen Übungen macht.
Und er versucht es auch einmal.
„Das Wichtigste ist", sagt Bruno, „dass du schnell rennen kannst und stark bist!"
Aber bei Trolli klappt das irgendwie nicht so richtig.

Außerdem hat Trolli Hunger. Bruno auch.
Also gehen sie zusammen zu Herrn Meyer, dem Metzger.
Dort kauft die Familie von Trolli immer ein und manchmal bekommt Trolli eine Scheibe Wurst.
Das möchte Trolli heute auch.
Aber Bruno hat eine andere Idee. Er lässt Trolli vor dem Geschäft sitzen und klaut eine Wurst. Dann rennt er durch den Hof schnell davon.

Herr Meyer kommt zornig nach draußen gelaufen. Dort sitzt Trolli und schleckt sich das Maul voller Freude.
Als Herr Meyer das sieht, schreit er wütend: „Mach, dass du wegkommst, du undankbarer Köter!"
Er fuchtelt mit den Armen und kriegt einen roten Kopf.
Trolli zieht den Schwanz ein und geht lieber.
„Ich hab' doch gar nichts gemacht!", denkt Trolli.

Als er Brunos dicken Bauch sieht, weiß er, wer die Wurst geklaut hat. Nur noch einen kleinen Zipfel hat Bruno für Trolli aufgehoben. Da sieht er in der Nähe eine Katze sitzen. Er bellt ganz laut, damit sie erschrickt.
Aber Bruno meint: „Komm, wir jagen die Katze!" Schon rennt er los. Trolli läuft hinter ihm her. Die Katze hat einen Satz gemacht und hat sich versteckt. Bruno läuft weiter.
Trolli sucht die Katze.

Endlich hat er sie gefunden. „Auuuu! Was ist denn das?" Da hat die Katze den armen Trolli an der Schnauze gepackt, und er bekommt ihre scharfen Krallen zu spüren. Vorsichtig versucht er den Kopf zu schütteln. Endlich lässt die Katze los. Verwundert guckt Trolli der Katze hinterher. Seine Nase tut ganz schön weh. Bruno schüttet sich aus vor Lachen. „Hahaha!", lacht er. „Lässt sich von einer Katze die Nase zerkratzen."

Als Bruno vom Lachen genug hat, springt er auf und rennt wieder los. „Komm mit, Trolli, ich zeig' dir was!", ruft er. Trolli guckt Bruno hinterher, dann läuft er ihm nach. Immer schneller laufen die beiden, die Ohren fliegen nach hinten. Überall ist Staub.
Dann macht Bruno auf einmal einen Riesensatz und springt über einen kleinen Bach.
Trolli kann gerade noch bremsen.

Er schaut hinunter auf das Wasser, dann hinüber auf die andere Seite. Ob er das auch schafft? Mit einem einzigen Satz hinüberspringen? Bruno ist stehen geblieben. „Mit Anlauf geht das ganz einfach!", meint er. Trolli weiß nicht so recht, aber dann will er auch nicht kneifen. Er nimmt Anlauf, springt und landet im Wasser. „Hahahahahahaha!", hört er Bruno mal wieder lachen.

Trolli ist wütend. „Pah!", sagt er, als er wieder im Gras sitzt und das Wasser aus dem Fell geschüttelt hat.
„Das ist nicht lustig. Man lacht andere nicht aus, die kleiner und schwächer sind!", schimpft er.
Bruno guckt erstaunt. Dann sagt Trolli: „Weißt du was, jetzt zeig ich dir auch mal was, komm mit!"
Gemeinsam laufen sie zu dem kleinen Haus, in dem Trolli wohnt.

Schnell schlüpft Trolli durch den Zaun in den Garten. Bruno versucht es auch. Aber er ist viel zu groß und zu dick.
Das sieht so komisch aus, da hätte Trolli auch fast gelacht.
Jetzt kommt Trollis Herrchen angelaufen. Er zieht Bruno am Schwanz wieder heraus und jagt ihn davon.
„Tschüs Bruno!", ruft Trolli ihm noch nach.
Und Bruno lacht: „Tschüs! Bis bald!"

Dann rennt Trolli zum Haus. Da stehen schon alle und warten auf ihn. Denn Trolli ist hier zu Hause. „Hat dich der böse Hund verfolgt, hm?" fragt Thomas und bringt Trolli eine Wurst.
Lisbeth streichelt Trolli und drückt ihn ganz fest an sich. „Du armer kleiner Hund!", sagt sie.
Niemand schimpft, weil Trolli das Loch durch den Zaun gegraben hat.

Am nächsten Tag spielen Lisbeth und Thomas mit Trolli im Garten. Sie rennen mit ihm hin und her, lassen sich von ihm fangen und spielen mit einem Ball. Trolli bellt vor Vergnügen. Draußen vor dem Zaun läuft Bruno vorbei. „Na, kommst du wieder mit?", fragt er. „Heute nicht", meint Trolli und lacht vergnügt, „heute bleibe ich lieber zu Hause!"

Lange guckt Ricki über die Wiese. Aber es ist niemand zu sehen.
Traurig seufzend versucht sie ein paar Halme zu fressen, aber sie schmecken ihr gar nicht.
Wo sind nur ihre Eltern und ihre Geschwister? Wieder denkt sie an die lustigen Spiele, die sie immer mit ihren Brüdern und Schwestern gespielt hat.

Die Sonne geht gerade auf.
Im Wald hinter ihr beginnen die Vögel zu zwitschern. Eichhörnchen klettern die Bäume hoch und hinunter und suchen ihre Nüsse.
Über der Wiese summen die Bienen.
Die Blumen öffnen gerade ihre Knospen und locken bunte Schmetterlinge an.
Alle Tiere sind fröhlich, nur Ricki nicht.

Da kommt auf einmal noch ein kleines Reh auf die Wiese gesprungen.
„Hallo!", ruft es fröhlich.
„Ich bin Flecki und wer bist du?"
Ricki guckt Flecki nur traurig an.
„Ja, was ist denn mit dir passiert?
Heute ist doch so ein schöner Tag und du guckst so traurig?", fragt Flecki.
Ricki brummelt.

Aber dann erzählt sie Flecki doch, warum sie so traurig ist.
„Meine Mama ist weg und mein Papa auch, und meine Brüder und Schwestern hab' ich auch schon lange nicht mehr gesehen."
„Dann bist du ja ganz allein?", fragt Flecki erschrocken.
„Ja", nickt Ricki traurig. „Ich bin ganz allein."
Eine Träne kullert ihr über die Backe. Ob sie nun für immer allein bleiben wird?

„Komm doch einfach mit", sagt Flecki freundlich, „wir werden schon etwas finden, damit du wieder fröhlich wirst!" Gemeinsam machen sie sich auf den Weg.
Da begegnen sie auf einmal einer Wildschweinfamilie.
„Ja, was ist denn das für ein trauriges Rehlein?", fragt der Wildschweinpapa, als er Ricki sieht.
Flecki erzählt, dass Ricki ganz allein ist.

„Das wollen wir doch einmal sehen", meint da der Wildschweinpapa. Er nimmt einen tüchtigen Anlauf und springt mitten hinein in die Pfütze. „Also Erwin!", schimpft die Wildschweinmama, aber die Wildschweinkinder und Flecki kugeln sich vor Lachen, so komisch sieht der Wildschweinpapa aus, wie er mit dem Bauch voran in der Pfütze gelandet ist.
Nur Ricki guckt traurig.

Aber Flecki gibt nicht auf. Auf ihrem gemeinsamen Weg treffen sie auf Familie Hase. „Warum guckst du denn so traurig?", fragt das kleine Hasenmädchen, als es Ricki sieht.
„Weil ich keine Mama und keinen Papa hab'", erzählt Ricki. „Hm", meint da das Hasenmädchen, rennt schnell zu seiner Familie, und gemeinsam versuchen sie, Ricki zum Lachen zu bringen.

Zuerst stellen sich der Hasenpapa und die Hasenmama auf.
Dann klettern die großen Kinder auf ihre Schultern, und zuletzt stellen sich die kleinen obendrauf.
Das kleine Hasenmädchen klettert ganz nach oben.
Aber Ricki guckt immer noch traurig.
Selbst als die ganze Pyramide anfängt zu wackeln und alle Hasen durcheinanderpurzeln, kann Ricki nicht lachen.

„Es war trotzdem schön, danke", sagt Ricki artig. Dann geht sie mit Flecki weiter. Nach einiger Zeit treffen sie auf eine Eichhörnchenfamilie. Mama Eichhörnchen macht gerade Nüsse für den Winter ein. Als sie Ricki sieht, ruft sie die ganze Familie zusammen. „Kommt mal alle her, meine Lieben. Das wäre doch gelacht, wenn wir dieses kleine Rehlein nicht wieder fröhlich machen könnten!"

Willi und Knolli jonglieren mit drei Nüssen, die ihnen nur so um die Ohren fliegen. Susi balanciert einen Tannenzapfen auf ihrem Schwanz, Oskar hebt dabei noch ein Bein in die Luft, und Biba macht lauter Purzelbäume.
Der Eichhörnchenvater singt ein Lied, und die Mama klatscht dazu.
Flecki freut sich und lacht.
Aber Ricki ist immer noch traurig.

Jetzt weiß Flecki auch nicht mehr weiter. „Weißt du was", meint sie, „wir gehen einmal zu meiner Familie. Vielleicht fällt meiner Mutter noch etwas ein, was dich wieder fröhlich macht." Ricki nickt schweren Herzens und gemeinsam suchen sie Fleckis Familie. Wieder muss Ricki erzählen, warum sie so traurig ist. Dass sie keine Mama und keinen Papa mehr hat und auch keine Großeltern und dass sie ganz allein ist.

„Komm, dann spiel doch einfach mit uns", schlägt Fleckis Großmutter vor.
Sie spielen Laufen und Fangen und Suchen und Verstecken. Sie tanzen Ringelreihen und singen ein lustiges Lied.
Sie versuchen, Ricki zu necken und zum Lachen zu bringen. Aber Ricki ist immer noch traurig.
„Alle haben eine Familie", denkt sie, „nur ich bin ganz allein."

Bald sind alle müde geworden. Aber Flecki will nicht aufgeben.
Da hat sie auf einmal eine Idee.
„Wie wäre es denn, wenn Ricki einfach bei uns bliebe?", sagt sie.
„Dann könnten wir immer zusammen spielen und Ricki wäre nicht mehr allein."
Nach kurzer Zeit sagen Fleckis Mama und Papa: „Ja!"
Da wird Ricki auf einmal wieder fröhlich.

Auch Fleckis Geschwister und Oma und Opa finden die Idee gut. Und Ricki hat endlich wieder eine Mama und einen Papa, viele Geschwister und sogar Großeltern.
Fröhlich wird sie noch einmal von allen begrüßt. Denn von jetzt an gehört Ricki zur Familie und wird nie mehr allein und traurig sein.

„Ieieieiieieh!", macht Trixi. „Ich habe Durst!", soll das heißen, aber der Mann vorne im Traktor hört Trixi nicht. Schon lange ist der Zirkuswagen auf der staubigen Landstraße unterwegs. Wegen Trixi muss der Mann ganz langsam fahren. Deshalb macht er auch keine Pause. Bis zum Abend muss der Zirkus im Dorf sein. Dann ist Vorstellung und Trixi muss wieder Kunststückchen vorführen.

Mmh, das Gras schmeckt Trixi. Beim Zirkus hat sie meistens nur trockenes Heu und ab und zu ein wenig Hafer bekommen. Zufrieden schüttelt sie den Kopf.
Kein Strick hindert sie mehr daran, spazieren zu gehen und sich die besten Gräser und Kräuter zu suchen.
Als sie genug gefressen hat, möchte sie auch etwas trinken, aber da ist kein Wassereimer.

Also läuft Trixi einfach weiter. Zunächst einmal in die Richtung, in die der Zirkuswagen verschwunden ist.

Aber auf einmal hört der Weg vor ihr einfach auf, und sie kommt in einen Wald. Dort ist es kühl, die hohen, großen Bäume geben Schatten.

Aber auch hier gibt es kein Wasser für Trixi.

Müde bleibt sie stehen. Wohin soll sie jetzt gehen?

Da kommt auf einmal von oben ein Uhu herabgeflogen und landet vor ihr auf einem Ast. „Na, hast du dich verlaufen?", fragt er. Neugierig und etwas erschrocken schnaubt Trixi und geht einen Schritt zurück. „Weißt du, wo ich Wasser finden könnte?", fragt sie. „Da entlang!", zeigt der Uhu ihr den Weg. „Da ist ein Bauernhof, dort bekommst du sicher Wasser!" Trixi bedankt sich artig und läuft schnell weiter.

Denn Trixi steht auf der falschen Seite des Zaunes. Wie soll sie nur da hineinkommen?
Sehnsüchtig guckt sie auf den Wassertrog.
Auf einmal kommt ein anderes Pony angetrabt.
„Hallo, wer bist denn du?", fragt es neugierig.
Trixi erzählt vom Zirkus und davon, dass sie Durst hat und dass sie auch gerne hineinkommen würde.

Da ruft das Pony schnell
alle anderen zusammen,
und gemeinsam machen
sie ganz viel Krach.
Die Ponys wiehern, so laut
sie können, und der kleine
Esel schreit auch ganz laut:
„I-ah, i-ah, i-ah!"
Da kommen endlich die
Bauersleute angelaufen.
„Was ist denn?", rufen sie
schon von weitem.
Sie staunen nicht schlecht,
als sie Trixi vor der Koppel
stehen sehen.

„Was macht das Pony denn da?", fragen sie sich.
Sie streicheln Trixi, die gar keine Angst hat.
Als die Bauersleute Trixi durch das große Koppeltor führen, geht sie mit.
Drinnen läuft sie erst einmal zum Wassertrog.
Sie hat so großen Durst, dass sie ganz viel Wasser auf einmal trinkt.
Dann hebt sie den Kopf und wiehert vor Freude.
Die Bauersleute freuen sich auch.

Inzwischen ist es Abend geworden, und Trixi geht mit den anderen Ponys und dem Esel schlafen. Gemütlich kuschelt sie sich in das warme, trockene Stroh. Am liebsten würde sie für immer hier bleiben. In der Nacht träumt Trixi wieder vom Zirkus. Leise seufzt sie im Schlaf. Als sie aufwacht, merkt sie, dass sie nur geträumt hat. Da ist sie wieder froh.

Am nächsten Morgen kommen die Bauersleute wieder zum Stall. Trixi guckt ihnen ängstlich entgegen.
Ob sie sie wohl wieder wegschicken? Ob sie wohl wieder zum Zirkus zurück muss?
Aber die Bauersleute wollen Trixi behalten, wenn sie sich nur mit den anderen Tieren verträgt.
Und am Sonntag kommen Kinder zum Reiten. Da muss Trixi mithelfen.

Neugierig läuft Trixi über den Bauernhof.
Was sind denn das für merkwürdige Tiere?
Die Ziegen kennt sie ja aus dem Zirkus, aber diese da in ihren wolligen Kleidern?
„Das sind Schafe", erklärt ihr später Ferdi, ein anderes Pony von der Koppel.
Freundlich guckt Trixi den Tieren beim Fressen zu.
Als sie sich umdreht, erschrickt sie.
Was ist denn das? Ein Pfau!

Auf der Koppel trifft sie wieder die anderen Ponys. Die sind jetzt schon ihre Freunde geworden. Gemeinsam fressen und spielen sie den ganzen Tag. Am Sonntag kommen die Kinder zum Reiten. Das macht Trixi Spaß, sie kann sogar kleine Kunststückchen vorführen. Die hat sie im Zirkus gelernt. Am Abend ist Trixi müde und froh, dass sie nie mehr hinter dem Zirkuswagen herlaufen muss.